AF227079

LE

GÉNÉRAL BORGÈS

PARIS

IMPRIMERIE DE L. TINTERLIN ET Ce

RUE NEUVE-DES-BONS-ENFANTS, 5.

LE
GÉNÉRAL BORGÈS

PAR

CHARLES GARNIER

PARIS

E. DENTU, LIBRAIRE-ÉDITEUR

PALAIS-ROYAL, 13 ET 17, GALERIE D'ORLÉANS

—

1861

Tous droits réservés.

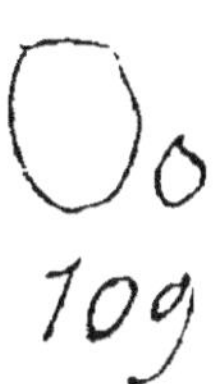

LE

GÉNÉRAL BORGÈS

Je veux faire connaître au public le général Borgès. Tout homme de cœur qui m'aura lu se découvrira avec respect devant celui qu'on nomme un chef de brigands.

José Borgès naquit en Catalogne, l'année 1813, au village de Vernet, près d'Artesa. On voit encore les restes d'une tour dont était flanquée la maison paternelle, brûlée pendant la guerre civile. Il a donc aujourd'hui plus de quarante-huit ans.

La photographie que nous donnons le rajeunit de vingt-cinq ans ; c'est le seul portrait qui existe en France, et encore a-t-on dû le faire venir de Barcelone. Il serait assez difficile d'envoyer actuellement un photographe prendre la ressemblance de Borgès sur les champs de bataille ; le jour où Naples recevra son libérateur, nous nous procurerons un portrait plus fidèle.

Borgès est un homme de taille moyenne et large

de poitrine; ses cheveux et sa barbe ont blanchi de bonne heure, mais il a conservé toute la vigueur de la jeunesse. Sa physionomie n'est point de celles qui passent inaperçues. Son visage bruni, ses traits fortement accentués, expriment une rare énergie; on devine de suite l'homme qui a beaucoup vécu et qui a vaillamment porté la vie. Son œil noir lance des éclairs. Il a des mouvements de tête extrêmement vifs. Ses manières sont simples et dignes, son geste sobre, sa parole brève. Il est aimable dans la conversation, et il a des réparties d'une brusque jovialité.

Je ne flatte point mon personnage; tel je l'ai vu, tel il a été dépeint par ses adversaires eux-mêmes dans des feuilles espagnoles.

Il n'est point marié; il n'a jamais contracté aucun lien, soit qu'il voulût être prêt en toute occasion à voler où l'appellerait le besoin de la cause politique à laquelle il a consacré sa vie, soit qu'il hésitât à faire partager à une femme sa mauvaise fortune.

Peu de gens ont eu une carrière aussi rude que Borgès; peu de gens sont sortis, comme lui, des épreuves, avec l'intégrité du caractère.

En racontant sommairement les épisodes de cette existence de luttes incessantes, épisodes que j'ai appris, en partie de ses compagnons d'armes, en partie de ceux qui l'ont combattu, je vais être obligé de réveiller des souvenirs de guerres civiles. Je toucherai aussi légèrement que possible aux plaies non encore cicatrisées de l'Espagne. A Naples, je disais au comte de Montémolin : « Sire ! A Trieste, je me suis agenouillé avec émotion sur la modeste pierre qui, au pied d'un autel de la cathédrale, couvre les restes de Sa Majesté Charles V, roi des Espagnes. Mais aujourd'hui que la Providence, dans ses impénétrables desseins, a tranché deux rameaux de la Maison royale espagnole, je ne puis que souhaiter à une noble nation la stabilité de la paix et de la concorde. Tous les partis, en Espagne, doivent imposer silence aux jalousies et réunir leurs forces contre les intrigues du dehors, qui, assure-t-on, menacent la monarchie et l'indépendance du pays. »

José Borgès eut pour père un brave officier qui avait servi sa patrie sur les champs de bataille, pendant la guerre de l'Indépendance et en 1823. José avait un frère, plus jeune que lui, qui fut tué en 1840. Il a encore deux sœurs; l'une qui habite le midi de la France, l'autre qui est à Séville. Ses premières années furent employées à l'étude, pour laquelle il a toujours eu un goût prononcé, et qu'il n'a jamais négligée, même pendant sa vie active. On le trouvera quelquefois, plus tard, au bivouac, dans les montagnes de Catalogne, ou en France, dans les loisirs forcés d'une petite ville de province, lisant et relisant, dans le texte latin, les *Commentaires de César*, son livre favori. A dix-sept ans, il était reçu à l'Académie des sous-officiers de Lérida.

La pratique devait suivre de près la théorie; il allait passer par une école plus rude que celle de Lérida.

José Borgès avait vingt ans quand éclata la guerre civile de 1833.

Le capitaine Antonio Borgès, père de José, fut proclamé chef des volontaires d'Artesa, lorsque, après la mort de Ferdinand VII, Charles V leva le drapeau de la légitimité. José et Miguel servirent d'abord sous ses ordres comme simples soldats.

Dès le début de cette campagne où se développèrent de si mâles caractères, José Borgès attira les yeux de tous ses camarades par son intelligence et son intrépidité. On citait sa fougue. Chacun de ses grades fut gagné dans un combat, par une action d'éclat. Son père, loin de l'épargner, lui confiait les entreprises les plus périlleuses. Quand Antonio Borgès fut nommé général de brigade par Charles V, José se trouva, avec le grade de commandant, à la tête du bataillon Borgès, composé de Catalans. C'était à la fin de 1835. Ce noyau de forces carlistes opérait en

Catalogne, de Tremp à Lérida. Les affaires de San-Quilez et de Pobla eurent, à cette époque, du retentissement; les troupes de la reine y furent battues, et José y prit part, comme son père et son frère.

Le général Antonio Borgès fut surpris dans 'abbaye de Santa-Maria de Meya. Il était malade. Il rendit son épée au général christino Niubò, qui lui promit la vie sauve; quelques jours après, il était fusillé à Cervera.

A l'annonce de cette nouvelle, José Borgès prend le commandement de la colonne de deux mille hommes qui venait de perdre son chef. Il appelle son frère Miguel, il convoque ses officiers, rassemble ses soldats, et leur fait jurer, à tous, qu'ils n'auront point de repos avant que la mort du général ne soit vengée dans le sang de Niubò.

Alors commence une guerre implacable, où l'on déploie, de part et d'autre, des prodiges d'activité et d'énergie. Niubò comprend qu'il n'y a pas de trève à espérer. Vieux soldat rompu au métier, disposant de troupes braves et beaucoup plus nombreuses que celles de José Borgès, possédant, en outre, des villes fortifiées, il est cependant toujours sur le qui-vive. Borgès essaie de mille stratagèmes pour l'attirer dans des piéges; Borgès se multiplie, Borgès est partout, sur les ailes, en face, par derrière. Point de relâche. Des mois s'écoulent dans ce déploiement de stratégie, et la mort du père de Borgès reste encore impunie.

Enfin, au mois de mai 1837, Niubò croit en finir avec son ennemi; il combine une opération avec quelques autres chefs christinos, et, avec près de quatre mille hommes, il va attaquer Borgès. Borgès est instruit un peu tard par ses espions; il quitte brusquement ses positions et va attendre Niubò vers un passage masqué par des broussailles. Les troupes de Niubò arrivent; elles sont reçues par une décharge de mousqueterie. Niubò les concentre; au même moment, une nouvelle fusillade résonne à son arrière-garde; ce sont encore les Catalans de Borgès. Une horrible mêlée s'engage; malgré la disproportion du nombre, les royalistes assaillent avec fureur. Borgès et son frère cherchent le meurtrier de leur père, qui s'est réfugié au centre de sa colonne. Vainement un rempart de baïonnettes protége Niubò. José et Miguel Borgès se frayent un chemin jusqu'à lui, en jonchant le sol de cadavres. Au moment où ils sont près d'atteindre Niubò, celui-ci s'affaisse sur le cou de son cheval et tombe; une balle l'avait mortellement frappé. Quelques coups de baïonnette l'achevèrent.

En face du corps de Niubò, José Borgès sent sa fureur se calmer ; il arrête l'impétuosité de ses soldats et accorde grâce aux débris de la colonne ennemie.

Cet événement produisit une vive impression en Espagne, et établit la réputation du jeune officier royaliste.

Charles V étant arrivé dans l'Aragon, Borgès le rejoignit et fut accueilli comme un loyal serviteur donnant beaucoup à espérer ; il ne tarda pas à être engagé dans les combats de Barbastro et de Guisona. Borgès repoussa à Guisona trois charges de cavalerie, rallia plusieurs bataillons qui pliaient sous le nombre, et reçut devant toute l'armée les éloges du général en chef, le prince don Sébastien. Son sang-froid dans les moments critiques se révéla à la retraite d'Alestorn, où, avec sept cents hommes, dont il ne perdit pas un seul, il arrêta pendant huit heures les dix mille soldats du baron de Meer.

Quand le comte d'Espagne prit, en 1838, le commandement des forces carlistes qu'il s'agissait de réorganiser, Borgès lui prêta un utile concours et lui présenta un corps discipliné et aguerri. Borgès, qui était alors colonel, fut mis à la tête de la 2e brigade de la 1re division. Il n'avait que vingt-cinq ans. Son frère commanda sous lui un bataillon. La brigade Borgès se distingua bientôt par son instruction au camp de Caserras et par sa solidité dans les rencontres. Les affaires de Manlleu, de Noya et de Roda lui acquirent beaucoup d'honneur. Mais un des plus beaux faits d'armes de Borgès fut l'assaut de Ripoll.

Ripoll est une petite ville fortement établie au confluent de deux rivières qui lui forment ceinture. Sa brave garnison avait déjà repoussé plusieurs fois les carlistes, quand le comte d'Espagne chargea Borgès d'enlever la place, coûte que coûte. Borgès promit au général en chef que, dans quelques heures, il serait mort, ou que le drapeau de Charles V flotterait sur Ripoll. L'assaut sonne, Borgès prend lui-même le drapeau et marche à la tête de sa brigade. Le feu des assiégés éclaircit les rangs des carlistes; mais enfin les échelles sont appliquées contre le rempart, et Borgès monte le premier. Il se trouvait à la cime de l'échelle, quand la décharge d'un tromblon l'atteint en pleine poitrine. Il tombe, mais les soldats qui le suivent amortissent sa chute. Heureusement, les projectiles avaient rencontré la ouate de son habit, et les blessures n'étaient point profondes, quoique fort larges et nombreuses. Les assiégeants hésitent. José Borgès se relève tout sanglant, remet le

pied sur l'échelle, s'élance au cri de *Vive le* ~~~~
Roi ! poussé par les Catalans électrisés, recommence une lutte terrible sur la muraille, et plante enfin son drapeau, pendant qu'une autre colonne carliste pénètre par une brèche. La place est emportée.

Le premier soin du comte d'Espagne, entré dans Ripoll, fut d'attacher la croix laurée de Saint-Ferdinand sur la poitrine de Borgès, en présence des troupes encore noires de poudre.

Les blessures de l'intrépide officier se cicatrisèrent assez promptement.

En 1840, José perdit son frère Miguel, qui reçut une balle dans le front, sur les hauteurs de Peracamps. Miguel fut pleuré par toute l'armée carliste. C'était un jeune homme de grande espérance.

Le même jour, José était blessé pour la cinquième fois.

Ici commencent de lamentables revers ; les trahisons et les fautes dissolvent l'armée carliste. Borgès court le risque d'être assassiné comme le comte d'Espagne. Au mois de juin de cette même année 1840, Borgès émigre en France avec Cabrera et les débris des troupes de Charles V.

Interné à Bourg, le colonel Borgès reçut pendant un an, comme ses compatriotes, des secours du gouvernement français. Quand les subsides furent retirés, il refusa de faire sa soumission à Isabelle, et préféra une vie de privations. Comme on le voit, son séjour en France ne l'avait pas converti à la banalité du serment.

Il se présenta avec une simplicité qui n'était pas sans grandeur, chez un relieur de Bourg, pour en apprendre le métier. Il fut admis, et sans orgueil comme sans fausse honte, il prit les leçons de ses nouveaux camarades d'atelier, qui se firent un plaisir de l'initier à ce travail. Qui oserait dire que le colonel, devenu ouvrier, ou moins encore, simple apprenti, avait dérogé ? Le travail n'est-il pas la noblesse de la pauvreté, et ne sied-il pas mieux de gagner soi-même son pain que d'accepter de la libéralité même la plus délicate, une vie oisive ? Le duc de Richelieu, menuisier en Russie, n'en était pas moins un vrai grand seigneur, qui, plus tard, représenta noblement la France.

C'est dans ce travail manuel que Borgès passa plusieurs années à Bourg. L'étude le délassait le soir, et il revenait fidèlement à ses livres, surtout aux *Commentaires de César*.

En 1846, une imprudente proclamation appela, au nom du comte de Montémolin, qui s'était échappé de Bourges, les carlistes à une nouvelle tentative. Rien n'était préparé, et la prise d'armes avait lieu dans des conditions bien plus désavantageuses que celles de la première guerre civile. Borgès trompa la surveillance de la police française, se jeta avec quelques officiers espagnols dans la Catalogne, qu'il connaissait comme sa chambre, et rejoignit le vieux général Tristany. Le colonel, qui avait exercé les fonctions de général de brigade, prit modestement un fusil comme le dernier des volontaires, en attendant d'avoir une troupe à commander. Lorsque Tristany et Porredon, livrés par un traître, furent pris et fusillés, Borgès n'échappa au même sort que par sa vigilance. Les neveux de Tristany gardant la campagne, et chaque chef s'ingéniant avec son prestige personnel pour trouver des volontaires, Borgès fit un appel à ses anciens compagnons d'armes, dispersés dans les districts d'Artesa et de Lérida. Il parvint à réunir un bataillon d'infanterie et une centaine de cavaliers. Les armes furent arrachées aux soldats d'Isabelle. Pendant les années 1847 et 1848, Borgès fit merveille avec cette petite force. Sa fougue et son audace suppléèrent au nombre. Il appliqua dans cette guerre ingrate toutes les ressources que lui fournissaient son expérience pratique et l'instruction acquise en France. Il étonnait, il déconcertait les troupes de la reine. Aussi Cabrera, lorsqu'il entra en Catalogne,

en 1848, rendit-il au mérite de Borgès un écla-
tant témoignage : il le nomma commandant-
général de la province de Tarragona, et lui
emprunta bon nombre de ses soldats pour sa
propre escorte. Cinq victoires jetèrent, dans
cette période, du lustre sur la petite armée carliste. Dans la première, Borgès tua d'un coup
d'épée le colonel Bufil. Dans la seconde, un général de la reine, Manzano, fut fait prisonnier,
ainsi que la majeure partie de la colonne sous
ses ordres. Le troisième combat, engagé près
d'Esquirol, fut acharné. Cabrera était inquiet de
l'issue. Borgès, qui a toujours su prendre une
prompte résolution dans les cas désespérés,
forme à la hâte une colonne de quelques centaines d'hommes, et, éperonnant son cheval,
s'élance le premier au fort de la mêlée. La colonne est enveloppée dans un nuage de feu ;
Cabrera croit Borgès perdu. Le nuage se dis-
sipe, et Cabrera aperçoit son lieutenant au mi-
lieu des rangs ennemis, où s'accomplit un horrible carnage. Une nouvelle colonne carliste
court à la rescousse, et, au bout de quelques
instants, le général Paredès est rompu, mis en
déroute. Borgès n'avait pas une égratignure,
mais son manteau était troué par les balles et
il avait son cheval blessé.

Borgès ne figura pas dans les deux autres actions.

Mais les circonstances n'étaient plus aussi fa-
vorables pour les carlistes que dans la première
guerre civile. Trompé dans les promesses qu'il
avait reçues, Cabrera voulut provoquer en Aragon le mouvement qui n'était pas éclos avec
spontanéité. Une expédition fut dirigée, sous les
ordres des généraux Forcadell et Arnau, vers
les montagnes du Maestrazgo. Borgès protégea
le passage de l'Ebre, qui s'effectua heureusement ; mais à son retour de cette mission, il
faillit être cerné dans la plaine d'Urgell, par
d'imposantes forces de l'armée de la reine. Tous
les passages étaient occupés, tous les gués cou-
pés. Le village, situé à peu de distance de Lérida, où Borgès faisait reposer sa colonne, allait
être envahi. Les espions de l'ennemi y péné-
traient avec l'assurance que donne la certitude
de la capture. Borgès ordonne de ne pas leur
barrer le passage et de feindre l'inattention. En
même temps, il fait répandre le bruit qu'il doit
aller passer la nuit dans un village voisin. Les
espions n'ont rien de plus pressé que de courir
rapporter la nouvelle à ceux qui les ont envoyés.
Les troupes de la reine attendent donc la nuit,
et se postent comme il convient de le faire d'a-
près ces informations. Borgès, effectivement, se

met en marche vers le village indiqué. Deux espions seulement, restés parmi les carlistes, sont
tout à coup saisis, garrottés, et Borgès, chan-
geant de route, fait faire à sa colonne huit lieues
en sens opposé au village où il avait choisi gîte.

Borgès était revenu près de Cabrera sans avoir
perdu un seul homme, que les troupes d'Isabelle
le cherchaient encore dans la plaine d'Urgell!...
Le bruit de sa mort, prématurément annoncée,
courait déjà à Madrid.

Il n'entre point dans mon plan de raconter la
malheureuse issue de l'expédition de Forcadell
en Aragon. La situation générale empirait pour
les carlistes, que le comte de Montémolin et
les infants don Fernando et don Juan, arrêtés à
la frontière française, ne purent aller commander en personne. Après un dernier fait d'armes
contre le général de la Concha, sur les bords
du Ter, où Cabrera fut assez grièvement blessé,
les chefs carlistes regagnèrent le sol français.

Borgès, en reprenant le chemin de l'exil,
avait le grade de général de brigade, mais il se
retrouvait plus pauvre qu'à Bourg. Pendant la
campagne, le gouvernement de la reine, qui
avait appris à estimer son mérite, lui avait en-
voyé des propositions séduisantes; il les avait
repoussées. Elles lui furent renouvelées en
France; il demeura inébranlable dans ses prin-

cipes, si pressants que fussent ses besoins. Il recourut de nouveau au travail manuel, lutta gaiement contre la pauvreté, et demanda des consolations à l'étude. Il écrivit sur l'art militaire, et je pourrais indiquer, si je le jugeais à propos, où sont déposés ses manuscrits, qu'on m'assure être très-curieux.

Il y a une dizaine d'années, il fit un voyage à Naples, à l'occasion du mariage de son Prince avec la sœur de Ferdinand II. Il resta sept mois à Naples, visita en stratégiste ce pays qu'il ne prévoyait point alors devoir être le théâtre de ses exploits, et apprit la langue italienne, qu'aujourd'hui il parle aisément.

Sous le ministère Espartero, en 1855, de flatteuses nouvelles déterminèrent les carlistes à entreprendre une troisième campagne. Borgès, qui habitait alors le midi de la France, n'approuvait point cette tentative; sa perspicacité lui en montrait d'avance le résultat. Il obéit pourtant, avec un mélancolique pressentiment, à la voix du comte de Montémolin, après avoir présenté ses respectueuses objections.

Borgès pénétra en Catalogne avec Marsal et l'un des Tristany. Presque sans argent, il lui fallut organiser un petit corps. Quelques armes rouillées furent achetées par-ci, par-là; puis il surprit des détachements de soldats, dont les armes lui furent bien précieuses dans son dénuement de ressources. Agissant avec prudence et mystère, il organisa l'insurrection, qui devait éclater à un signal. Mais Marsal ayant été pris et fusillé, Juvany ayant été frappé d'une balle, Herreros, secrétaire de Tristany, ayant été fusillé, le général Elio ayant laissé surprendre sa correspondance, aucune des promesses faites n'ayant été tenue, Borgès fut réduit à l'impuissance. Ainsi se vérifiaient ses douloureuses prévisions. Des officiers de l'armée de la reine, pleins d'admiration pour son chevaleresque caractère, l'informèrent de la situation réelle du pays, et, l'assurant que l'honneur était plus que sauf, l'engagèrent à cesser une lutte inutile. Borgès ne se faisait plus illusion; mais, dévoué jusqu'au bout, il attendait que son souverain l'autorisât à abandonner l'entreprise. L'ordre arriva enfin, et, le cœur navré, mais la tête haute, le vaillant chef dit adieu à sa chère Catalogne, pour franchir encore la frontière.

Pendant cette courte campagne, Borgès avait eu occasion de révéler ses sentiments d'humanité. Au mois de septembre 1855, il s'embusqua avec cinquante hommes sur la lisière d'un petit bois. Le lieutenant-colonel Claros, avec deux compagnies de soldats d'élite et une cinquantaine de gendarmes, devait passer par là. Borgès n'hésita pas à attaquer avec des forces si disproportionnées. Claros et ses trois cents soldats, pris de tête et de queue, crurent avoir affaire avec un bataillon entier, et ils se rendirent prisonniers, excepté quelques hommes qui s'échappèrent. Borgès invita généreusement Claros et ses officiers à garder leurs épées, et une heure après la victoire, il relâcha tous les soldats espagnols, en donnant à chacun une petite somme d'environ deux francs, et en leur faisant promettre de ne lever aucune contribution sur leur passage.

Du reste, ce n'est point là un fait isolé dans la vie de Borgès. Les guerres civiles sont presque toujours cruelles; celles d'Espagne ont souvent revêtu un caractère d'atrocité. Amis et ennemis sont unanimes à reconnaître que nul officier ne resta plus fidèle que Borgès aux lois de l'humanité. Il fut sévère habituellement, et il devait l'être; mais jamais il ne commit de sang-froid un seul acte inavouable. Les traits de chevaleresque générosité lui sont assez familiers, mais il n'aime pas à jouer le rôle de dupe. Parmi ses troupes, il maintient une discipline rigoureuse; il soigne ses soldats, mais il veut être obéi. Ses subordonnés ressentent pour lui un attachement respectueux, et il sait leur inspirer la confiance; quand il rencontre quelque mauvaise tête ou un caractère difficile, son énergie et son ascendant ne tardent pas à les subjuguer.

Le trait suivant montrera combien Borgès tenait et tient à la discipline :

Un officier servant sous ses ordres commit un léger vol. Il fut traduit devant un conseil de guerre ; les ordonnances étaient précises : il fut condamné à mort. Borgès le fit mettre en chapelle. Un cousin du malheureux officier, général de brigade, accourut pour supplier Borgès et implorer la grâce du condamné. Borgès demeura inflexible. Le général rappela à Borgès que le père et la mère du jeune homme avaient été fusillés pour la cause du roi, et invoqua leur mémoire en faveur du fils. Borgès ému, céda enfin, mais en maintenant le respect dû à la loi. « C'est la première fois de ma vie, dit-il, que je « vais manquer à mon devoir. Je veux pour- « tant que ton cousin n'oublie jamais *le crime* « qu'il a commis. » Le jeune officier fut laissé encore vingt-quatre heures en chapelle, puis conduit sur le lieu de l'exécution. Là, on lui banda les yeux et on le fit agenouiller. Le commandement *feu!* retentit. Le peloton avait tiré en l'air.

L'officier gracié fut seulement chassé du corps.

Dans son troisième exil, Borgès habita encore Bourg, où il remplit au collége les humbles fonctions de maître d'études. En 1858, il essaya d'occuper une place dans le commerce ; au bout de quelques semaines, il se reconnut impropre à des occupations de ce genre. Ce fut pour lui un moment assez pénible. Des amis de France et d'Espagne lui offraient délicatement leur bourse ; il refusa d'y puiser.

Pendant ces dernières années, il habita tantôt Mâcon, tantôt Paris. Il a logé successivement à Paris, au n° 57 de la rue Saint-Nicolas-d'Antin, au n° 10 du boulevard Montmartre, et, enfin, à l'hôtel *Port-Mahon*, rue du même nom. C'est de cette dernière habitation qu'il est parti pour sa romanesque expédition des Calabres. Les notabilités espagnoles de passage à Paris cherchèrent à le voir et à l'entretenir sur ses campagnes. La grande réputation dont il jouit chez ceux auxquels il n'a point voulu se rallier, lui amena souvent des visites de personnages illustres de son pays, de généraux, de députés, de sénateurs. Je n'ai pas la permission d'en donner la liste ; je dois seulement citer le général Prim.

La vie de Borgès, à Paris, a été constamment digne et modeste. Il s'y adonnait à l'étude. Il déjeunait au passage Jouffroy, et dînait au *Restaurant de Paris*, rue Montmartre. On le voyait, le soir, après une petite promenade sur les boulevards, revenir au passage Jouffroy, et faire, au *Café des Princes*, une partie d'échecs avec un ami intime dont les informations m'ont été très-précieuses pour écrire cette biographie. Il rentrait de bonne heure chez lui, emportant la *Gazette de France*, son journal de prédilection.

La tenue de Borgès est toujours très-convenable, mais sans recherche.

Il manie toutes les armes; il s'est perfectionné à Toulouse dans le tir de l'épée, où il est de première force.

Vrai catholique, Borgès alla à Rome, il y a environ dix-huit mois, pour mettre son épée au service de la Papauté. Des causes que je n'ai pas à expliquer ici, empêchèrent que son dévouement fût mis à profit, et lui ravirent l'honneur d'assister au combat de Castelfidardo.

Longtemps avant le siége de Gaëte, son nom avait été prononcé par des amis de la monarchie légitime des Deux-Siciles, qui avaient proposé de lui donner un commandement important. Il en fut de ce conseil comme de tant d'autres; la fatalité poussait à l'abîme. L'Italie méridionale avait besoin d'une épreuve, et la Providence la lui réservait courte sans doute, mais dure. Il fallait que gouvernants et gouvernés se retrempassent. Je ne veux point dire, pourtant, qu'un commandement déféré à propos, dans l'armée napolitaine, au général Borgès, eût sauvé le trône et le pays. Ce serait faire croire que les hommes de cœur et de dévouement manquaient absolument dans l'armée napolitaine. Or, ce serait là une assertion fausse et diffamatoire, et personne ne s'avisera de supposer que je puisse la laisser tomber de ma plume. D'ailleurs, il n'est pas nécessaire que les traîtres soient nombreux pour perdre un État : les événements tiennent parfois à des fils si ténus, si légers ! Est-ce que, pour le débarquement de Garibaldi à Marsala, qui était prévu, annoncé, les précautions n'avaient pas été admirablement prises ? Je connais les ordres qui étaient donnés pour cette éventualité, je sais quelles dispositions avaient été réglées par les autorités supérieures de Naples et de Palerme. Mathématiquement, Garibaldi ne pouvait échapper, et aucun de ses aventuriers n'eût évité son sort. Un mot de Nunziante fit avorter toute cette sagesse et rendit vain le courage des soldats.

Pendant que le roi François II défendait dans Gaële le boulevard de l'indépendance des Deux-Siciles, Borgès, passionné par ce grand spectacle auquel il ne lui était permis d'assister que de loin, cherchait à servir la cause de ce Bourbon par une diversion en Sicile et en Calabre. Mais son heure n'était point encore venue. Une expédition de trois mille hommes, qui allait partir de Gaëte pour les Calabres, fut retenue par des obstacles sur lesquels il me sera permis de ne pas m'expliquer. Borgès arriva à Messine sur un paquebot-poste. Plus heureux que MM. de Noé, de Saint-Martin et de La Pierre, qui à peu près vers le même temps furent découverts à Messine et condamnés à mort par un conseil de guerre, et que M. d'Hénin qui ne put même débarquer, le général espagnol ne fut pas reconnu. Il se mêla avec une imperturbable assurance aux officiers piémontais, causa avec eux de siéges et de batailles, visita et se promena à son aise, mais ne réussit pourtant pas à pénétrer dans la citadelle. Il franchit le détroit, et fit une excursion dans l'extrême Calabre. Il fut frappé de l'esprit royaliste qui régnait dans les populations; il admira la vigueur des paysans calabrais, et dès lors il conçut les plus consolantes espérances. Aussi, à son retour à Paris, ses amis l'entendirent-ils fréquemment supputer les grandes choses qu'il était possible d'entreprendre avec les Calabrais; il déclarait avec une ferme conviction qu'il ferait des Calabrais d'aussi bons soldats que ses Catalans. Or, ceux qui ont l'honneur de connaître Borgès, savent qu'à ses yeux le soldat catalan est un type presque irréprochable. La pensée d'une expédition l'a, depuis cette époque, occupé sans relâche.

On sait comment le général Borgès a enfin exécuté un projet dès longtemps mûri, et qu'il avait fait préalablement autoriser par Sa Majesté le Roi des Deux-Siciles.

Qu'est-ce qu'un Espagnol avait à faire en Italie ?

Cette question a été posée. Mais par qui ?

Par des légitimistes ?

Non certes; ce ne sont pas les légitimistes qui s'étonneront qu'un homme attaché à leurs principes se dévoue pour une cause sainte, pour le service d'une monarchie légitime, pour un Bourbon, pour le triomphe de l'indépendance d'un peuple. Les légitimistes ont, Dieu merci ! semé assez de gouttes de leur sang sur les diverses plages du monde, pour ne point reprocher à Borgès de n'être pas assez avare du sien. Les légitimistes s'aperçoivent enfin que les révolutionnaires de tous les pays font cause commune, et qu'il faut opposer solidarité à solidarité.

Par les Piémontais de Turin, et d'ailleurs ?

A ceux-là on me dispensera de répondre. Il y a trop longtemps qu'on oppose des arguments aux Piémontais, quand on eût dû se borner à une argumentation à coups de fusil.

Par les indifférents, qui forment la part la plus considérable du public?

Oui; c'est dans le public sceptique ou affairé que l'on a pu demander : Borgès devait-il se mêler aux querelles des Italiens?

Je réponds que les généraux Cialdini, Fanti, Durando, ont servi en Espagne, dans la légion portugaise, et que cet antécédent justifierait amplement Borgès, si Borgès avait besoin d'être justifié. C'est bien pour Cialdini, Fanti et Durando que la question devait être étrangère. Les Espagnols se battaient entre eux. A Naples, il n'en est pas ainsi : les Napolitains se battent contre des étrangers, contre des Piémontais, qui se disent Italiens, mais qui ne le sont pas, et qui, en tous cas, le sont à peine d'hier, tandis que les Napolitains furent toujours Italiens.

Borgès, dit-on encore, est le seul général qui se soit mis à la tête des paysans insurgés. Aucun général napolitain n'a suivi son exemple.

Tant pis pour les généraux napolitains que ce reproche peut atteindre; tant pis pour ceux qui se laissent devancer. Je n'ai charge de disculper personne. J'avoue même que je ne serais point fâché de voir Borgès entrer à Naples avant que les officiers supérieurs qui sont à Rome aient eu le temps de seller leurs chevaux et de chausser leurs éperons.

Mais, dès aujourd'hui, Borgès est entouré de plusieurs centaines d'officiers de l'ancienne armée; et, chaque jour, quelques autres échappent à la surveillance des sbires piémontais pour aller rejoindre le noyau de la nouvelle armée nationale. Ceux-là suffiront, avec l'aide des intrépides paysans et des fidèles soldats du Volturne ou de Gaëte, pour sauver l'honneur du pays.

Garibaldi a accompli des choses étonnantes. Il est parti le 6 mai de Gênes, et le 7 septembre il est entré à Naples. L'Iliade de Borgès sera plus merveilleuse encore; je ne pense pas que plus de quatre mois soient écoulés depuis son débarquement, quand il entrera à Naples.

Garibaldi avait mille ou onze cents hommes avec lui. Borgès en conduisait à peine cent, dont une vingtaine d'officiers espagnols.

Garibaldi avait derrière lui l'or du Piémont, les navires du Piémont, les armes du Piémont. Borgès n'emportait que quelques milliers de francs, quelques carabines, et il se confiait à une barque frétée à Malte.

La route était ouverte par la trahison à Garibaldi, qui n'avait pas de combats sérieux à livrer. Borgès devait vaincre partout et toujours, ou être fusillé avec ses camarades, et il savait qu'il trouverait devant lui une armée d'occupation qu'on n'évalue pas à moins de quatre-vingt mille hommes.

Garibaldi venait en pleine paix, comme un forban, apporter la révolution et inaugurer une époque de désordres. Borgès s'est présenté pour aider un peuple, un moment trahi ou abusé, à chasser ses tyrans.

Le pays qu'allait désoler Garibaldi jouissait d'une heureuse tranquillité. Borgès, en descendant le 14 septembre sur le sol napolitain, n'a dû entendre que les pleurs des familles en deuil, n'a pu voir que des cités livrées aux flammes, n'a traversé que des contrées ravagées par les Druses des Alpes, suivant sa pittoresque et très-juste expression.

Entre Garibaldi et Borgès, Dieu jugera ; les honnêtes gens ont déjà prononcé.

Débarqué à la pointe de la Péninsule, puis obligé de remonter sur les barques qui l'avaient apporté de Malte, lui et ses compagnons de fortune, Borgès a remis pied à terre à quelques lieues plus loin. Les paysans, qui attendaient un chef, se sont serrés autour de lui ; les soldats de l'ancienne armée sont accourus à sa voix. Il a vite formé un noyau d'armée, évitant d'abord les rencontres décisives, mais faisant boule de neige et choisissant ses positions. Il a semblé

une fois ou deux subir des désavantages; quand
on l'a cru en retraite, il a reparu plus avant
dans l'intérieur du pays. Il a tour à tour usé
d'audace et employé le mystère. Il a organisé
régulièrement les forces qui se sont groupées
près de lui. Attiré une fois dans un guet-apens
par un traître qui croyait être encore en 1860,
le vieux lion a flairé le piége et donné un sa-
lutaire exemple en fusillant le misérable. Borgès n'a point perdu son temps à attaquer les
villes des Calabres; il aurait été acculé à la mer,
dans l'impossibilité d'augmenter sa troupe.

Mais avec une audace inouïe, qui pourtant
ne néglige pas la prudence, il a poussé vers Naples. Soixante-dix lieues mesurées à vol d'oi-
seau, le séparent aujourd'hui du point de
débarquement, et il marche sur la capitale,
en livrant chaque jour des combats. Borgès a
déjà rencontré plus de vingt fois les Piémontais, et plus de vingt fois il les a battus. Ces
actions ne pouvaient pas être décisives, elles
n'ont été que des étapes. La grande lutte sera
aux portes mêmes de Naples : c'est là que le
royaume des Deux-Siciles reconquerra son indépendance, comme il la conquit, il y a bientôt
un siècle et demi, à Velletri, sur les Autrichiens.
Borgès a déjà eu la chance d'être fusillé trois ou
quatre fois; sur le papier, bien entendu. J'expri-

mais, il y a quelques semaines, l'espérance d'entendre dire encore de temps en temps que les Piémontais s'étaient passé cette fantaisie; il semble qu'ils y aient renoncé, sentant le ridicule de cet exploit.

Il est très-difficile de tracer exactement le sillon que suit Borgès dans sa marche stratégique, et il subsistera, jusqu'au jour du triomphe, de l'incertitude sur les détails des combats qu'il engage. Et qu'importe? L'essentiel est de savoir qu'il avance à pas sûrs. Le gouvernement piémontais, désorienté, envoie troupes sur troupes; mais, comme le disait très-énergiquement ces jours-ci une correspondance de la *Gazette de France*, trente mille hommes de plus sont trente mille hommes de moins! Borgès, lui, n'en a guère présentement que quinze mille. Mais les forces s'accroissent de moment en moment, et le journal officiel de Naples, qui l'avait traité comme un mythe, commence à parler de ses canons. Mais les insurrections partielles se multiplient sur tous les points du royaume et renouent leurs tronçons. Mais les Piémontais sont attaqués à la fois de toutes parts. Mais les débarquements de royalistes s'opèrent sous tous les pavillons, sur toutes les plages. Mais la nation entière pousse des cris de rage et veut venger ses martyrs.

Le général de Lamarmora, dit-on, a donné ordre de bombarber Naples, en cas de révolte. Eh bien! Naples sera bombardée, mais Naples sera libre.

Si une terrible justice est accomplie, à l'heure suprême, contre les envahisseurs étrangers, sur qui en retombera la responsabilité? Ce n'est certes pas sur Borgès. Quoi qu'il arrive, les excès du Piémont n'auraient que trop justifié les représailles. J'ai lieu pourtant d'espérer que Borgès, entré à Naples, n'aura rien de plus pressé que d'établir une discipline rigoureuse dans la ville et d'y rappeler l'empire des lois trop lontemps outragées.

Délivré de ses tyrans, le peuple napolitain se montrera ce qu'il est, ardemment, profondément attaché à ses princes. Le roi a promis à la nation que la liberté serait solidement fondée sous son règne. Le roi n'a qu'une parole, et il la tiendra. François II n'est pas moins loyal que ce roi de France qui disait : « Si la bonne foi était bannie de la terre, elle devrait encore se retrouver dans le cœur des souverains. »

Général Borgès, Naples vous dressera des

statues. Et moi, je veux bientôt aborder encore une fois à la plage parthénopéenne, pour assister pendant tout un jour à votre triomphe, et serrer, dans la rue de Tolède, votre main glorieuse.

Paris, 8 Décembre.

FIN.

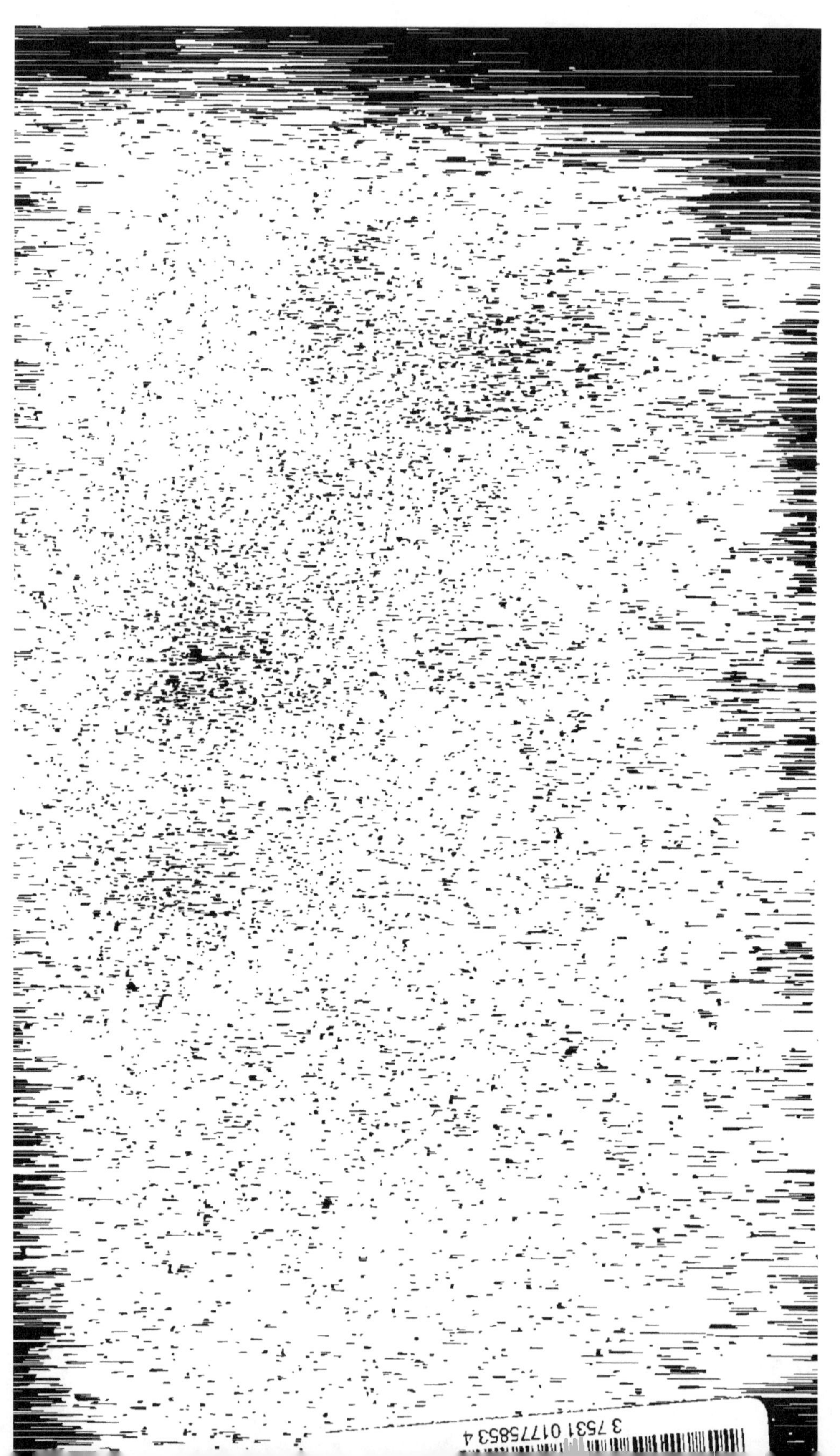